Liebe Schülerinnen, liebe Schüler!

Ihr lest und schreibt bestimmt gern.
Damit ihr richtig mit der Sprache umgehen könnt, wird in diesem Arbeitsheft die Sprache untersucht.
In vielen abwechslungsreichen Übungen lernt ihr, verschiedene Wortarten zu erkennen und Satzarten zu unterscheiden.
In den Übungen erweitert ihr euren Wortschatz und könnt euch dadurch verständlicher miteinander unterhalten.

Trolli – der Spaßmacher – begleitet euch durch das Arbeitsheft und gibt euch viele Ratschläge.

Ab Seite 47 findet ihr Lösungen für die Aufgaben. Mit ihnen könnt ihr eure Arbeitsergebnisse überprüfen.

Wenn ihr überprüfen wollt, wie ein Wort geschrieben wird, könnt ihr ab Seite 51 in der Wörterliste nachschauen.

Auf Seite 56 beginnt der Anhang. Hier könnt ihr nachschlagen, wenn ihr Begriffe vergessen habt, die man zum Untersuchen der Sprache braucht.

Das Symbol für Partnerarbeit weist euch auf die Möglichkeit hin, mit einem Partner zusammenzuarbeiten.

Das Symbol für eine zusätzliche Aufgabe gibt den schneller arbeitenden Schülerinnen und Schülern von euch den Hinweis auf eine zusätzliche Arbeitsmöglichkeit.

Dieses Symbol sagt euch, dass ihr eine Aufgabe im Heft lösen oder am Computer bearbeiten sollt.

Nun viel Spaß und guten Erfolg beim Überlegen und Schreiben

wünscht euch euer Autor

Inhaltsverzeichnis

Inhaltsverzeichnis

Ein Ratespiel

Heute spielen die Kinder in der Klasse 3b ein Ratespiel. Sie sitzen mit geschlossenen Augen auf ihren Plätzen. Die Lehrerin geht durch die Klasse und nimmt von einigen Kindern einen Gegenstand mit. Diese Dinge liegen nun unter einer Decke auf dem Tisch.
Jetzt versammeln sich die Kinder um den Tisch. Jedes Kind darf alle Gegenstände abtasten. Dann setzt es sich auf seinen Platz und schreibt die Namen der erkannten Dinge auf.
Für jeden erkannten Gegenstand gibt es einen Punkt. Wer die meisten Punkte hat, gewinnt das Spiel.

1.  Lest den Text.

Merke!

Die unterstrichenen Tunwörter (Verben) stehen in der Gegenwart.
Die Personalform der Tunwörter (Verben) in der Gegenwart zeigt an, dass gerade etwas geschieht.
Beispiel: Die Kinder spielen ein Ratespiel.

2. Schreibe die Tunwörter in der Gegenwart untereinander.

3. Schreibe dann das passende Tunwort in der Vergangenheit daneben.
Diese Wörter helfen dir: **schrieb, setzte, gewann, hatte, durfte, versammelten, lagen, gab, spielten, nahm, saßen, ging**.

Gegenwart	Vergangenheit	Gegenwart	Vergangenheit
spielen	spielten		

Zeitformen

Lorenz schreibt seiner Oma von dem Ratespiel, das sie gestern in der Klasse gespielt haben.

1. Schreibe die Tunwörter in der Vergangenheit in die Sätze.
   Die Wörter auf der vorigen Seite helfen dir.

Ein Ratespiel

Gestern __________ wir ein Ratespiel.

Wir __________ mit geschlossenen Augen auf unseren Plätzen.

Die Lehrerin __________ durch die Klasse und __________ von einigen Kindern einen Gegenstand mit.

Diese Dinge __________ dann unter einer Decke auf dem Tisch.

Anschließend __________ sich die Kinder um den Tisch.

Jedes Kind __________ alle Gegenstände abtasten.

Dann __________ es sich auf seinen Platz und __________ die Namen der erkannten Dinge auf.

Für jeden erkannten Gegenstand __________ es einen Punkt.

Wer die meisten Punkte __________, __________ das Spiel.

2. Schreibe die Grundform der Tunwörter.

spielen, __________

____

____

____

3. Überlege dir drei andere Tunwörter und setze sie in die Vergangenheit.
   Schreibe so: **hüpfen – hüpfte**

Merke!

Die Personalform der Tunwörter (Verben) in der 1. Vergangenheit zeigt an, dass etwas abgeschlossen ist.
Beispiel: Gestern spielten die Kinder ein Ratespiel.

 Lösungen Seite 47

Laura spielt Reporterin für die Schülerzeitung. Sie notiert sich alle Ereignisse von dem großen Sportfest, damit sie nichts Wichtiges vergisst.

1. Setze die Tunwörter in der richtigen Zeitform (Gegenwart oder 1. Vergangenheit) ein.
   Diese Wörter helfen dir: **geben, erhalten, starten, beginnen, applaudieren, schaffen, werfen, gewinnen, springen, verfolgen, laufen, besiegen**.

- In der vergangenen Woche begann unser Sportfest.
- Heute ______ alle Waldläufer unserer Grundschule.
- Letzte Woche ______ Jonas aus der Klasse 3b das Tischtennisturnier.
- Am vergangenen Montag ______ die Klasse 3a die Klasse 4b beim Fußballspielen.
- Anila ______ vorgestern sensationell hoch.
- Gestern ______ Kamil beim 50-Meter-Lauf als Erster über die Ziellinie.
- Lara ______ gestern den Schlagball am weitesten.
- Letzten Dienstag ______ Tom den weitesten Sprung.
- An allen Tagen ______ die Zuschauer die Wettkämpfe mit Spannung.
- Heute ______ alle erfolgreichen Sportler ihre Urkunde.
- Für die besten Sportler ______ es einen Buchpreis.
- Die Zuschauer ______ begeistert.

2. Zeichne dir eine Tabelle und trage die Tunwörter in der Grundform, der Gegenwart und der 1. Vergangenheit ein.

Grundform	Gegenwart	1. Vergangenheit
beginnen	es beginnt	es begann

Merke!

Am Tunwort (Verb) in der Personalform erkennst du, **wann** etwas passiert. Tunwörter (Verben) in der Gegenwart erzählen von jetzt. Tunwörter (Verben) in der **1. Vergangenheit** erzählen von einer vergangenen Tätigkeit.

Lösungen Seite 47

Aufregung im Klassenzimmer

Nina aus Klasse 3b und Tim aus Klasse 3a sind Freunde. Sie treffen sich auf dem Schulhof.

Nina erzählt:

- Meine Freundin Sara hat heute ihr Meerschweinchen in die Schule mitgebracht.
- Frau Krause hat nämlich im Unterricht über Haustiere gesprochen.
- Sara hat ihrer Lehrerin den Karton gereicht.
- Aber in dem Karton hat kein Meerschweinchen gesessen.
- „Wo ist mein Meerschweinchen geblieben?", hat Sara geweint.
- Die Kinder haben in jede Ecke geschaut.
- Im Klassenzimmer haben wir das Meerschweinchen nicht gefunden.
- Ich bin mit Sara auf den Schulhof gelaufen.
- Wir haben dort überall nach dem Tierchen gesucht.
- Da ist es wirklich über den Rasen gehoppelt.
- Wir haben es wieder eingefangen.

1. In jedem Satz besteht die Zeitform aus zwei Tunwörtern.
   Unterstreiche die Personalform von **haben** oder **sein** und die Tunwörter am Schluss des Satzes.
2. Schreibe die unterstrichenen Wörter auf.

hat mitgebracht,

Merke!

Mit der **2. Vergangenheit** beschreibt man eine Tätigkeit, die gerade vorbei ist. Sie heißt auch zusammengesetzte Vergangenheit, weil sie aus zwei Teilen besteht.
Beispiel: er hat gebracht, ich bin gelaufen

1. Schreibe die Tunwörter in der 1. und 2. Vergangenheit neben die Grundform.

Grundform	1. Vergangenheit	2. Vergangenheit
mitbringen	brachte mit	hat mitgebracht
sprechen		
reichen		
sitzen		
bleiben		
weinen		
schauen		
finden		
laufen		
suchen		
hoppeln		
einfangen		

2. Überlege dir selbst drei Wörter und setze sie in die 1. und 2. Vergangenheit.

Grundform	1. Vergangenheit	2. Vergangenheit

Merke!

Tunwörter (Verben) geben die **Zeitform** an.

Am nächsten Tag schreibt Nina die Geschichte in ihr Tagebuch. Dazu verwendet sie die 1. Vergangenheit.

1. Trage die passenden Tunwörter in der 1. Vergangenheit in den Text ein.
   Du findest sie auf der vorigen Seite.

- Meine Freundin Sara ______________ gestern ihr Meerschweinchen in die Schule mit.
- Frau Krause ______________ nämlich im Unterricht über Haustiere.
- Sara ______________ ihrer Lehrerin den Karton.
- Aber in dem Karton ______________ kein Meerschweinchen.
- „Wo ist mein Meerschweinchen?“, ______________ Sara.
- Die Kinder ______________ in jede Ecke.
- Im Klassenzimmer ______________ wir das Meerschweinchen nicht.
- Ich ______________ mit Sara auf den Schulhof.
- Wir ______________ dort überall nach dem Tierchen.
- Da ______________ es wirklich über den Rasen.
- Wir ______________ es wieder ein.

2. Was hast du schon mit einem Tier erlebt?
   Erzähle deinem Partner die Erlebnisse in der 2. Vergangenheit.
   Schreibe deine Geschichte dann in der 1. Vergangenheit auf.

Merke!

In der **1. Vergangenheit** wird eine vergangene Tätigkeit beschrieben.
Sie wird meistens im schriftlichen Erzählen gebraucht.
Man nennt die 1. Vergangenheit deshalb auch **Schreibvergangenheit**.
Mit der **2. Vergangenheit** beschreibt man eine abgeschlossene Tätigkeit. Sie wird häufig im mündlichen Erzählen benutzt.
Die 2. Vergangenheit bezeichnet man deshalb auch als **Erzählvergangenheit**.

Anna und Moritz

Anna und Moritz sind Freunde.
Sie wollen auf dem Bodensee paddeln. Bevor sie ins Paddelboot steigen, holt sich Moritz noch rasch ein Würstchen. Darüber packt Anna die Wut, denn sie wollte sofort starten. Deshalb kommt es zum Streit. Dabei fällt Moritz das Würstchen ins Wasser. Anna bekommt Angst, dass Moritz nicht mehr ihr Freund sein will. Nun läuft sie zur Bude und kauft für Moritz ein Würstchen. Moritz dankt ihr. Sie haben sich versöhnt. Dann paddeln sie los.

1. Unterstreiche die Namenwörter in dem Text oben. Aufgepasst! In dem Text sind drei Namenwörter für etwas, das man nicht sehen oder anfassen kann.
2. Kreuze in der Tabelle an, was für die Namenwörter zutrifft. Schreibe den Begleiter in die letzte Spalte.

Namenwörter	Kann man sehen oder anfassen	Kann man nicht sehen oder anfassen	Groß-schreibung	Begleiter
Freunde	×		×	die
Bodensee				
Paddelboot				
Würstchen				
Wut				
Streit				
Wasser				
Angst				
Freund				
Bude				

Merke!

Alle Namenwörter (Nomen) werden großgeschrieben.
Alle Namenwörter (Nomen) haben einen Begleiter (Artikel).
Es gibt Namenwörter (Nomen), die man nicht sehen oder anfassen kann. Sie heißen abstrakte Namenwörter (Nomen).

1. Welche Namenwörter passen zu den Bildern? Verbinde.

Mut
Baum
Uhr
Pferd
Kasper
Freundschaft
Wut
Streit

Katze
Blume
Idee
Angst
Polizist
Stolz
Freude
Hund
Glück
Opa

2. Welche Namenwörter bezeichnen einen Menschen, ein Tier, eine Pflanze oder ein Ding? Schreibe diese Namenwörter mit Begleiter auf.

3. Welche Namenwörter benennen keine Menschen, Tiere, Pflanzen oder Dinge? Schreibe diese Namenwörter mit Begleiter auf. Es sind abstrakte Namenwörter.

1. Verbinde die Gegensatzpaare.

Glück	Hitze	Angst	Freude	Faulheit

Kälte	Pech	Trauer	Fleiß	Mut

2. Schreibe die fehlenden Namenwörter in die Satzlücken. Du findest die passenden Wörter in Aufgabe 1.

- Ich habe heute ______ gehabt und den Schulbus verpasst.
- Gegen die ______ hat mir meine Mutter eine dicke Jacke gekauft.
- Wegen der ______ haben wir heute keine Schule.
- Wenn es donnert und blitzt, habe ich große ______ .
- Wir haben heute keine Schulaufgaben auf. Das ist für uns eine große ______ .
- Ich bin bei roter Ampel über die Straße gelaufen. Zum ______ kam kein Auto.
- Felix schlichtet den Streit zwischen zwei Klassenkameraden. Er hat ______ .
- Lena liegt in der Hängematte. Sie genießt ihre ______ .
- Paul hilft seinem Vater bei der Gartenarbeit. Mutter lobt seinen ______ .
- Heute ist Tims Kaninchen gestorben. Tim empfindet große ______ .

3. Z Überlege dir andere Sätze mit den Namenwörtern von Aufgabe 1.

Lösungen Seite 47

Nachbarkinder

Emma wohnt seit einer Woche im Nachbarhaus. Emma hat noch keine Freunde. Deshalb will Finn Emma mit seinen Freunden Nele und Felix bekannt machen.
Finn, Nele und Felix treffen sich bei Emma im Garten. „Das ist Nele. Nele ist schon neugierig auf dich", erklärt Finn. „Das ist Felix. Felix kann es kaum erwarten, dich zu sehen. Felix und Nele sind beide meine Freunde", fügt Finn hinzu.
Emma freut sich über die neuen Freunde. Emma lädt die Kinder zum Grillfest am Samstagnachmittag ein.

Merke!

Namenwörter (Nomen) können durch **Fürwörter** ersetzt werden. Die Fürwörter (Pronomen) heißen:
Einzahl – **ich, du, er, sie, es**
Mehrzahl – **wir, ihr, sie**

1. Die unterstrichenen Wörter werden im Text oft wiederholt.
   Ersetze sie durch Fürwörter.

Emma wohnt seit einer Woche im Nachbarhaus. ________ hat noch keine Freunde.

Deshalb will Finn ________ mit seinen Freunden Nele und Felix bekannt machen. ________

treffen sich bei Emma im Garten. „Das ist Nele. ________ ist schon neugierig auf

dich", erklärt Finn. „Das ist Felix. ________ kann es kaum erwarten, dich zu sehen. ________

sind beide meine Freunde", fügt Finn hinzu. Emma freut sich über die neuen Freunde.

________ lädt die Kinder zum Grillfest am Samstagnachmittag ein.

Merke!

Das Fürwort (Pronomen) **„sie"** kann in der **Einzahl** und in der **Mehrzahl** gebraucht werden.

Fürwörter (Pronomen)

1. Kreuze den Satzteil an, der zu dem Fürwort passt.

Einzahl

Ich
- ☐ beantworte alle Fragen richtig.
- ☐ beantwortet alle Fragen richtig.

Du
- ☐ malt die Ostereier bunt.
- ☐ malst die Ostereier bunt.

Er
- ☐ schießt den Ball ins Tor.
- ☐ schießen den Ball ins Tor.

Sie
- ☐ fährst mit Inlineskates.
- ☐ fährt mit Inlineskates.

Es
- ☐ malen ein Bild für Oma.
- ☐ malt ein Bild für Oma.

Mehrzahl

Wir
- ☐ suchen Pilze im Wald.
- ☐ sucht Pilze im Wald.

Ihr
- ☐ gehen heute ins Schwimmbad.
- ☐ geht heute ins Schwimmbad.

Sie
- ☐ baust eine Sandburg am Strand.
- ☐ bauen eine Sandburg am Strand.

2. Setze die passenden Fürwörter in die Satzlücken ein.

1. Setze die passenden Fürwörter ein. Achte auf die Großschreibung am Wortanfang.

Ausflug

Leon und Lisa entschließen sich beim Frühstück für einen Ausflug zur 5 km entfernt liegenden Burgruine. ______ nennen die Burgruine Gruseleck.

Lisa holt die Fahrräder. ______ hat die Räder gestern geputzt.

Leon staunt über sein sauberes Fahrrad. ______ bedankt sich bei seiner Schwester.

Nun pumpt ______ die Reifen auf.

Der Weg ist steil. ______ führt immer bergan.

Leon fährt voraus. ______ wartet nicht auf Lisa.

Lisa folgt Leon mit Anstrengung. ______ ruft: „Leon, mach mal Pause!“ Aber Leon hält nicht an. ______ will schnell oben sein.

Schließlich erreichen Leon und Lisa die Burgruine auf dem Berg.

______ freuen sich über die schöne Aussicht.

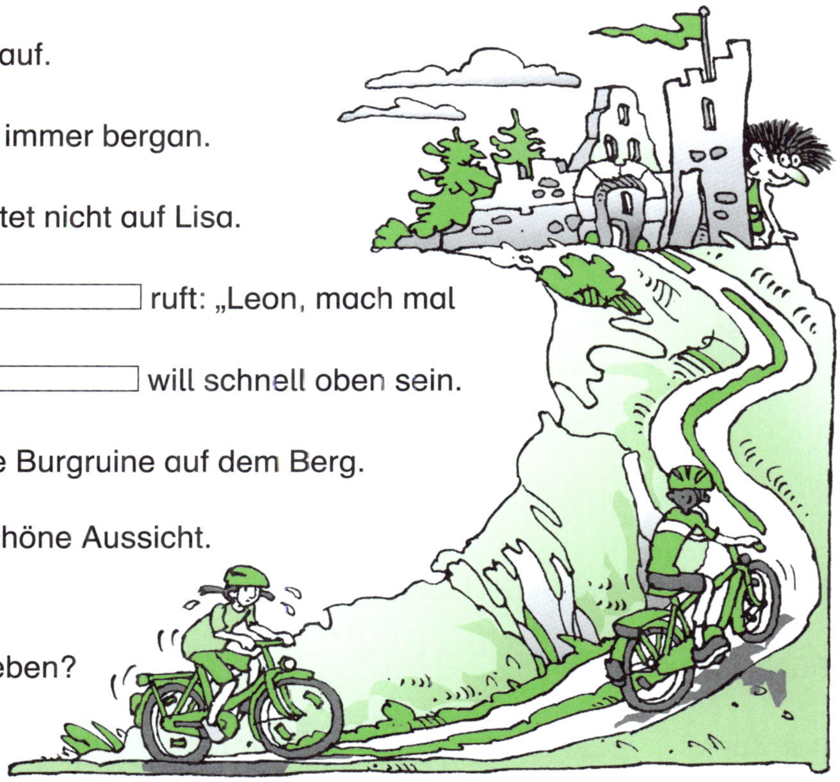

2. Welche Tiere werden beschrieben?
Setze die Fürwörter ein.

Tierrätsel

- ______ klettern geschickt von Ast zu Ast und schlafen im Winter auf einem Baum in ihrem Kobel.
- ______ schleicht sich vorsichtig an und fängt Mäuse.
- ______ haben einen langen Rüssel und sind ganz grau.
- ______ kriecht sehr langsam und trägt ihr Haus auf dem Rücken.
- ______ klettert geschickt auf Bäume und frisst gern Bananen.

3. Ersetze die Fürwörter durch die Tiernamen.

4. Z Erfinde eigene Tierrätsel und lass sie von deinem Partner lösen.

Ausflug in den Wald

Die Klasse 3b startet am Montagmorgen ihren Ausflug vom Schulhof aus. Pünktlich um 9 Uhr geht der Lehrer mit seinen Schülern und Schülerinnen los. Zuerst geht der Lehrer mit den Kindern auf Feldwegen an Wiesen und Feldern vorbei. Dann gehen sie in den Wald. Der Lehrer geht voran. Die Kinder gehen hinter ihm. Am Schluss gehen einige Eltern. Der Lehrer erklärt den Kindern: „Ihr müsst nun leise gehen, damit ihr die Tiere nicht verscheucht. Wir wollen doch möglichst viele Tiere entdecken!“

1. In dem Text oben wird das Wort **gehen** mehrmals gebraucht. Setze für das Wort **gehen** ein passendes Wort ein, das genau beschreibt, wie jemand geht.
   Die folgenden Wörter helfen dir: **schleichen, folgen, gelangen, laufen, läuft, marschiert, wandert**.

Ausflug in den Wald

Die Klasse 3b startet am Montagmorgen ihren Ausflug vom Schulhof aus.

Pünktlich um 9 Uhr ______________ der Lehrer mit seinen Schülern und Schülerinnen los. Zuerst ______________ der Lehrer mit den Kindern auf Feldwegen an Wiesen und Feldern vorbei. Dann ______________ sie in den Wald. Der Lehrer ______________ voran. Die Kinder ______________ ihm. Am Schluss ______________ einige Eltern. Der Lehrer erklärt den Kindern: „Ihr müsst nun ______________, damit ihr die Tiere nicht verscheucht. Wir wollen doch möglichst viele Tiere entdecken!“

Merke!

Wörter mit **ähnlicher Bedeutung** bilden zusammen ein **Wortfeld**. Mit den Wörtern eines Wortfeldes kannst du dich genau und treffend ausdrücken.

1. Hier sind Wörter aus dem Wortfeld **gehen** in Spiegelschrift geschrieben. Schreibe sie richtig auf.

kriechen	
krabbeln	
springen	
hoppeln	
huschen	
schleichen	

2. In diesen Sätzen stimmt etwas nicht. Schreibe sinnvolle Sätze.

- Die Maus schleicht rasch in ein Erdloch.
- Das Eichhörnchen kriecht von Ast zu Ast.
- Die Schnecke springt langsam über die Straße.
- Der Hase huscht über die Lichtung.
- Der Fuchs hoppelt durch das Gebüsch.
- Das Reh krabbelt vor Angst ins Dickicht.
- Die Ameise flüchtet auf einen Pilz.

- Die Maus ______.
- Das Eichhörnchen ______.
- Die Schnecke ______.
- Der Hase ______.
- Der Fuchs ______.
- Das Reh ______.
- Die Ameise ______.

Wortfelder

1. Setze passende Tunwörter aus dem Wortfeld **sehen** in die Satzlücken ein. Diese Wörter helfen dir: **besichtigen, sehen, betrachten, erblicken, beobachten, entdecken, schauen**.

- Opa __________ ohne Brille nur sehr undeutlich.
- Der Jäger __________ ein Reh durch das Fernglas.
- Trolli __________ sich im Spiegel.
- Yasin __________ in der Hecke ein Vogelnest.
- Plötzlich __________ Vater eine Eidechse.
- Die Klasse 3a __________ den Dom.
- Moritz __________ in den Himmel.

2. Ordne die Tunwörter dem jeweils passenden Wortfeld zu.

schluchzen flüstern futtern rufen verzehren
heulen reden jammern berichten löffeln
erzählen speisen klagen kosten wimmern sprechen

Wortfeld: weinen	Wortfeld: sagen	Wortfeld: essen

3. Wähle aus den Wortfeldern **weinen**, **sagen** und **essen** jeweils zwei Wörter aus. Schreibe mit jedem dieser Wörter einen Satz.

Freunde helfen sich

Nele und Mesut besuchen gemeinsam die Klasse 3a. Sie vertragen sich gut. Nele lässt Mesut manchmal abschreiben und Mesut darf dafür ihre Matheaufgaben verbessern. Beim Lesen ergänzen sie sich beide. Wenn Nele den Text laut liest, kann Mesut ihn anschließend fehlerfrei lesen. Auf dem Heimweg begleitet Mesut seine Freundin immer bis vor die Haustür. Es entgeht ihm nie, wenn Nele mal zerstreut ist und in der Schule nicht aufpasst. Dann kann er ihr helfen.

1. Die unterstrichenen Wörter haben eine Vorsilbe.
   Kreise die Vorsilben bei diesen Wörtern ein.

ver ver be be ent zer

2. Findet zu folgenden Tunwörtern mehrere sinnvolle Vorsilben. Diese Vorsilben helfen dir:

ver zer ent be

gehen vergehen, ______

schreiben ______

laufen ______

halten ______

fahren ______

sprechen ______

3. Wer findet das Wort mit den meisten sinnvollen Vorsilben?
   Schreibt auf.

Merke!

Vorsilben können die Bedeutung von Wörtern verändern.

1. Setze die passenden Tunwörter ein.

2. Kreise die Vorsilben farbig ein.

▶ Jörg ______ ein Geschenk von seinem Freund.

Jörg ______ ein Geschenk in seinen Händen.

hält, erhält

▶ Arzu ______ auf die Leiter am Apfelbaum.

Vater ______ mit Lea den Berg.

steigen, besteigen

▶ Jörg ______ seine Hausschuhe unter dem Bett.

Jörg ______ , unter das Bett zu kriechen.

suchte, versuchte

▶ In den Winterferien ______ die Kinder auf Skiern.

Hänsel und Gretel ______ sich im Wald.

laufen, verlaufen

▶ Der Dachdecker soll das Dach ______ .

Die Kinder ______ die ersten Veilchen.

decken, entdecken

3. Füge die passenden Vorsilben ein. Diese Vorsilben helfen dir:

zer | zer | ver | ver | ver | ge

Lauras Katze heißt Flocke. Flocke ist jung und noch sehr ______spielt. Manchmal ______hält sie sich unmöglich. Gestern ______fetzte sie unsere Zeitung. Heute hat sie die Tischdecke vom Tisch ______rissen. Dabei fiel die Vase zu Boden und ______sprang in viele Scherben. Wenn Besuch kommt, ______schwindet sie unter dem Sofa.

Weihnachtsmarkt

Auf dem Weihnachtsmarkt ist es in der Dunkelheit am schönsten.
Laura und Solveig gehen gemeinsam über den festlich beleuchteten Marktplatz.
Es gibt mehrere unterschiedliche Holzhäuschen. Dort werden köstliche Süßigkeiten angeboten. Jeder macht für seine einzigartigen Sachen Reklame.
In deutlich lesbarer Schrift preisen die Aussteller ihre weihnachtlichen Waren an.
Der fruchtig duftende Kinderpunsch und die Kartoffelpuffer laden zum genüsslichen Essen und Trinken ein. Laura hat ein kleines Geheimnis.
Heimlich hat sie ein Geschenk für Solveig gekauft. Sie geht achtsam damit um.
Fröhlich machen sie sich auf den Heimweg.

1. Die unterstrichenen Wörter haben eine Nachsilbe. Ordne diese Wörter und kreise die Nachsilben ein.

-lich: festlich, ______________________

____

-heit: ______________________

-keit: ______________________

-nis: ______________________

-bar: ______________________

-ig: ______________________

-sam: ______________________

Merke!

Nachsilben können die Wortart und die Wortbedeutung verändern.

Lösungen Seite 48

1. Bilde neue Wörter mit der Nachsilbe **-bar**.
Hänge an den Wortstamm der Tunwörter die Nachsilbe **-bar** an. Unterstreiche in jedem Wort den Wortstamm.

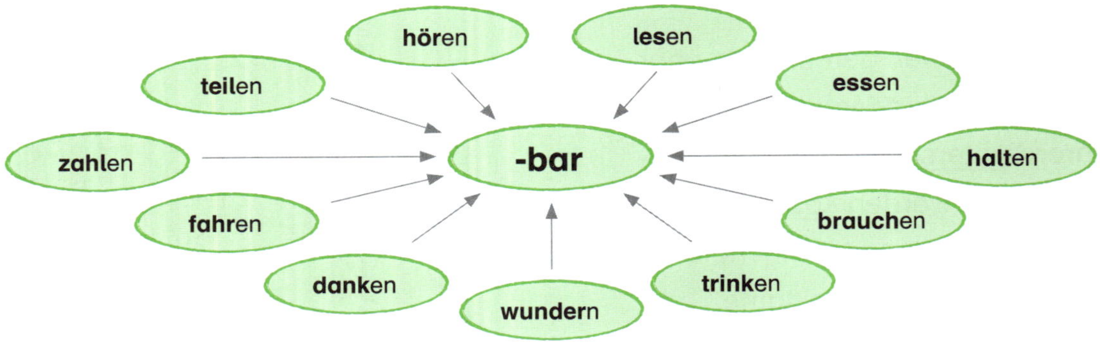

lesbar,

2. Schreibe die Wörter von Aufgabe 1 nach dem Alphabet auf.

3. Bilde neue Wörter mit den Nachsilben **-lich** und **-sam**.

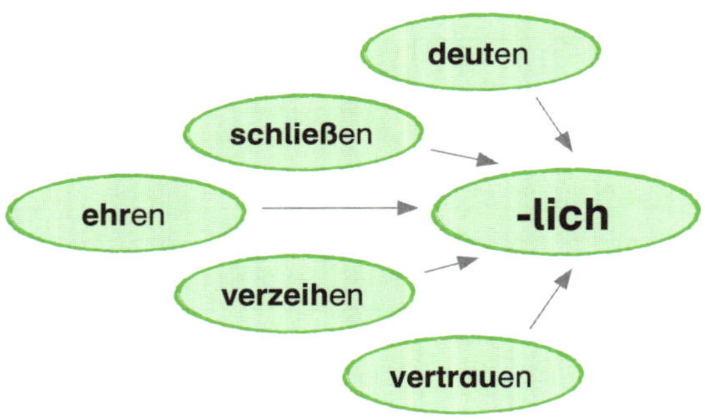

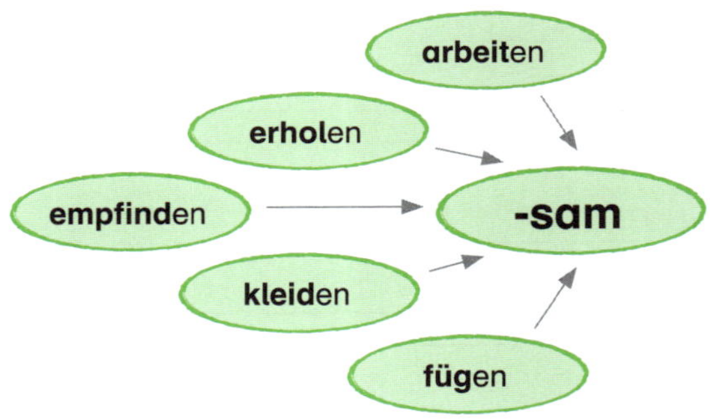

Merke! Tunwörter (Verben) werden durch Anhängen von **Nachsilben** (-bar, -lich oder -sam) an den Wortstamm zu Wiewörtern (Adjektiven).

Lösungen Seite 48

1. Verwandle Namenwörter durch Anhängen der Nachsilben **-los** oder **-ig** in Wiewörter.
Achte auf die Kleinschreibung der Wiewörter.

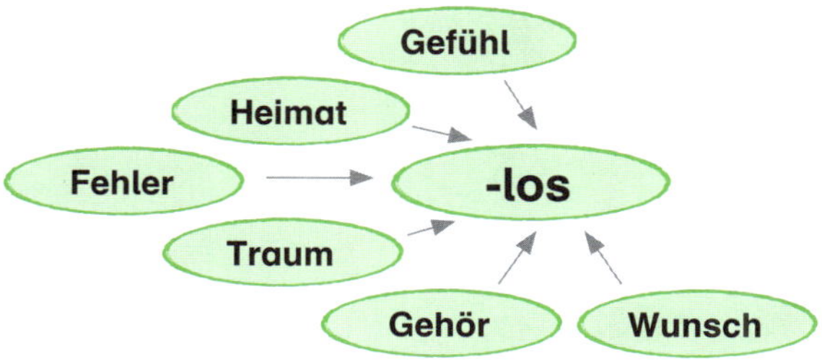

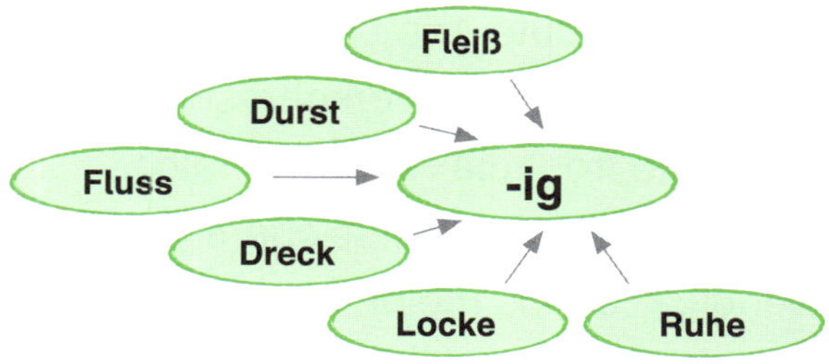

gefühllos, ______________________

fleißig, ______________________

Merke!

Aus Namenwörtern (Nomen) oder Tunwörtern (Verben) können durch Anhängen der Nachsilben -los, und -ig an den Wortstamm Wiewörter (Adjektive) gebildet werden.

2. Verwandle Wiewörter durch das Anhängen der Nachsilben **-heit** oder **-keit** in Namenwörter.
Ordne die Wörter in die Tabelle ein. Achte auf die Großschreibung.

bescheiden, ehrlich, gesund, dunkel, einig, einsam, schön, fröhlich, frei, gemütlich, möglich, krank

Nachsilbe -heit	Nachsilbe -keit
die Bescheidenheit	die Ehrlichkeit

Merke!

Aus Wiewörtern (Adjektiven) werden durch Anhängen der Nachsilben -heit oder -keit an den Wortstamm Namenwörter (Nomen). Diese Namenwörter sind abstrakte Namenwörter. Sie haben immer den Begleiter die.

Das verkehrssichere Fahrrad

Immer mehr Schüler fahren mit dem Fahrrad zur Schule. Die Lehrerin spricht im Unterricht über das verkehrssichere Fahrrad. Sie fragt die Kinder: „Welche Teile sind für ein verkehrssicheres Fahrrad notwendig?“ Jonas meint: „Die Klingel!“ Toni sagt: „Die Hinterradbremse!“ Lea ruft: „Die Vorderradbremse!“ Fatma ergänzt: „Der Pedalrückstrahler und zwei gelbe Speichenreflektoren!“ Nurcan fügt hinzu: „Wir brauchen auch die Vorderlampe und das Rücklicht!“ Die Lehrerin bittet die Kinder: „Prüft zu Hause euer Fahrrad, ob es verkehrssicher ist!“

1. Unterstreiche im Text, welche Teile die Kinder für ein verkehrssicheres Fahrrad nennen.
2. Bilde zusammengesetzte Namenwörter und schreibe sie mit Begleiter auf. Der Text oben kann dir helfen.

Hinterrad | Klingel | Vorderrad | Pedal | Rückstrahler

Fahrrad | Bremse | Reflektoren | Speichen | Bremse

die Fahrradklingel

3. Bilde zusammengesetzte Namenwörter mit dem Wort **Fahrrad**. Denke an den Begleiter.

Mantel ←
Schlauch ←
Ventil ←
Lampe ←

→ Sattel
→ Lenker
→ Gestell
→ Pumpe

4. Z Schreibe zusammengesetzte Namenwörter mit **Straßen**. Kontrolliere mit der Wörterliste oder dem Wörterbuch.

Merke!

Zusammengesetzte Wörter können aus zwei oder mehreren Wörtern bestehen. Das erste Wort bestimmt das zweite Wort genauer.
Der Begleiter richtet sich nach dem zweiten Wort.

Beispiel: die Kinder + das Fahrrad = das Kinderfahrrad
die Herren + das Fahrrad = das Herrenfahrrad

1. Sara hat eine Schatzkiste, in der sie Erinnerungsstücke und ihre wertvollen Dinge aufbewahrt. Hier ist aber etwas durcheinandergeraten. Die zusammengesetzten Namenwörter gibt es nicht. Setze sie richtig zusammen. Denke an den Begleiter.

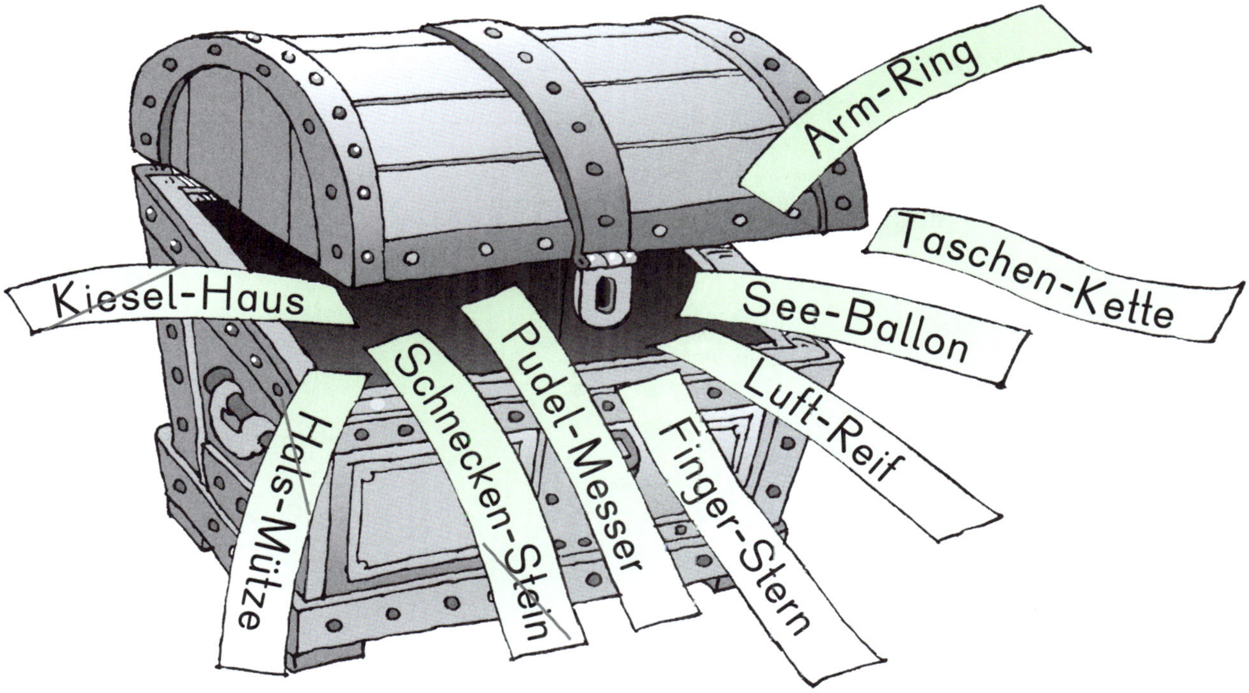

der Kieselstein, die Hals

2. Was hast du in deiner Schultasche? Schreibe fünf zusammengesetzte Namenwörter. Vergiss den Begleiter nicht. Kontrolliere mit der Wörterliste oder dem Wörterbuch.
Beispiel: die Tintenpatronen, der Bleistift

1. Wie heißen diese Dinge? Schreibe die zusammengesetzten Namenwörter mit Begleiter auf. Sie bestehen aus einem Tunwort und einem Namenwort. Achte auf die Großschreibung.

ein Rad, mit dem man läuft: das Laufrad

ein Tisch, an dem man schreibt:

eine Maschine, mit der man wäscht:

eine Nadel, mit der man näht:

ein Stuhl, auf dem man liegt:

ein Becher, aus dem man trinkt:

ein Stift, mit dem man malt:

ein Stock, mit dem man wandert:

ein Heft, in dem man schreibt:

2. Wie heißen diese Dinge? Schreibe die zusammengesetzten Namenwörter mit Begleiter auf. Sie bestehen aus einem Wiewort und einem Namenwort. Achte auf die Großschreibung.

ein Sprung, der weit ist: der Weitsprung

ein Sprung, der hoch ist:

ein Haus, das hoch ist:

ein Brot, das weiß ist:

ein Brot, das schwarz ist:

eine Stadt, die groß ist:

eine Stadt, die klein ist:

eine Speise, die süß schmeckt:

Lösungen Seite 48

Hausbau

In unserem Dorf wird viel gebaut. Eine große Ackerfläche wurde als Neubaugebiet ausgewiesen. Die Grundbesitzer, denen das Bauland gehörte, haben von den Leuten, die ein Haus bauen wollen, Geld bekommen. Die Bausparkasse hat den bauwilligen Leuten Geld geliehen. Dafür müssen die Bauherren nun monatlich Zinsen zahlen. Sie zahlen lieber Zinsen und erbauen ein eigenes Haus. Dann brauchen sie keine Miete zu zahlen. Sie sorgen dafür, dass ihr Haus nicht baufällig wird.

1. Ordne die unterstrichenen Wörter nach Wortarten.

Namenwörter: ______________________

____

Tunwörter: ______________________

Wiewörter: ______________________

2. Unterstreicht den Wortstamm in diesen Wörtern. Was fällt euch auf?

3. Findet ihr noch mehr Familienmitglieder zur Wortfamilie **bauen**? Schreibt auf. Schlagt auch in der Wörterliste oder im Wörterbuch nach.

Merke!

Der Teil des Wortes, den mehrere Wörter gemeinsam haben, heißt **Wortstamm**. Wörter mit dem gleichen Wortstamm gehören zu einer **Wortfamilie**.
Beispiel: bauen, Bauherr.

Wortfamilien

Lösungen Seite 48

1. Immer drei Wörter gehören nicht zu der angegebene Wortfamilie. Kreise diese Wörter ein.

2. Unterstreiche bei den Wörtern jeder Wortfamilie den Wortstamm.

gießen:	ausgießen	(ich) gieße	(die) Gießerei
	(das) Ruderboot	(der) Ausguss	(der) Fallschirm
	(die) Gießkanne	(der) Regenguss	(der) Wasserball
	(er) gießt	(der) Zuckerguss	vergießen
	begossen	weggießen	eingießen
stehen:	(die) Stehlampe	aufstehen	abstehen
	(der) Esslöffel	(du) stehst	(er) steht
	(der) Aufstand	(der) Lehrling	(die) Stehleiter
	überstehen	standhaft	verpflanzen
	(das) Ständchen	(die) Standspur	(der) Standort
sprechen:	ansprechen	ansprühen	versprechen
	(ich) spreche	(wir) sprechen	sprachlich
	(der) Sprecher	verkaufen	sprachlos
	(das) Gebäude	fremdsprachig	(die) Sprechzeit
	(der) Sprachfehler	(die) Ansprache	(er) spricht
schreiben:	abschreiben	anschreiben	verschreiben
	vorschreiben	(das) Schreibheft	schriftlich
	versetzen	(der) Schreibtisch	(der) Unfall
	(der) Schreibstift	(das) Lesebuch	beschriften
	(die) Unterschrift	(er) schreibt	(du) schreibst

Merke!

- Du kannst Wörter zu einer Wortfamilie bilden, indem du den Wortstamm mit verschiedenen Vor- und Nachsilben oder mit Endungen zusammensetzt.
  Beispiel: abschreiben, verschreiben
- Der Wortstamm kann sich in einer Wortfamilie ändern.
  Beispiel: schreiben, die Abschrift
- Du kannst Wörter zu einer Wortfamilie bilden, indem du Wörter zusammensetzt.
  Beispiel: das Schreibheft

Wortfamilien

1. Bildet Wortfamilien, indem ihr Vorsilben, Nachsilben oder Endungen mit dem Wortstamm zusammensetzt. Wer kann die meisten Wörter bilden?

Vorsilbe	Wortstamm	Endung	Nachsilbe
ver- be- ent- zer- ge-	fahr- föhr-	-en -t -e -st	-lich -bar

verfahren, die Gefahr,

2. Bilde zur Wortfamilie **Wasser** zusammengesetzte Namenwörter und schreibe sie mit Begleiter auf. Achte auf die Großschreibung.

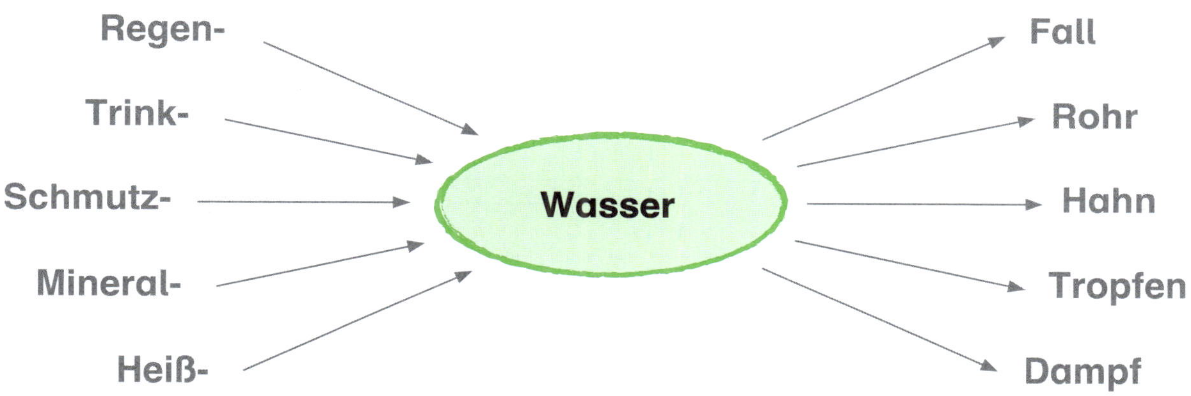

das Regenwasser,

3. Sucht weitere Wörter zur Wortfamilie **Wasser**. Schlagt auch in der Wörterliste oder im Wörterbuch nach.

Unsere fünf Sinne

Mit unseren fünf Sinnen können wir schmecken, hören, sehen, riechen und fühlen. Wir schmecken mit dem Mund, hören mit den Ohren, sehen mit den Augen, riechen mit der Nase und fühlen mit der Haut.
Die saure Zitrone schmeckt nicht. Der süße Pudding schmeckt lecker. Wir hören die lauten Kirchenglocken schon von Weitem. Wir lauschen dem leisen Summen der Bienen. Nach dem Regen können wir oft einen bunten Regenbogen erblicken. Während des Gewitters erhellen grelle Blitze den Himmel. Das faulige Herbstlaub riecht nicht gut. Wir riechen die frischen Erdbeeren gern. Wir fühlen den feuchten Nebel auf unserer Haut. Wir genießen das warme Wasser in der Badewanne.

1. Lies den Text aufmerksam. Die unterstrichenen Wörter sind Wiewörter. Schreibe sie in der Grundform auf.

sauer,

2. Schreibe mit folgenden Wortgruppen Sätze:
frische Brötchen, fleißige Biene, bunter Schmetterling, kranke Mutter, lautes Heulen, hoher Berg, breiter Fluss, lustiger Clown, scharfes Messer.
Unterstreiche dann die Wiewörter.

Beispiel: **Jeden Morgen hole ich frische Brötchen vom Bäcker.**

Merke!

Alle Wiewörter (Adjektive) können zwischen einem Begleiter (Artikel) und einem Namenwort (Nomen) stehen. Sie verändern dann ihre Form.

Beispiel: **Die saure Zitrone schmeckt nicht.**

1. Trage die passenden Wiewörter in die Satzlücken ein. Diese Wörter helfen dir:
langsame, schmalen, sanfte, schnelle, schrille, heißen.

- Eine ______ Schnecke kriecht über den Weg.
- Eine ______ Eidechse rennt die Mauer empor.
- Das Kind hat sich an der ______ Herdplatte verbrannt.
- Der ______ Schrei eines Nachtvogels zerbricht die Stille.
- Der ______ Abendwind kühlt meine Haut.
- Wir wandern über einen ______ Bergpfad.

2. Setze die richtige Form von **weiß** vor das Namenwort.

- Auf den Dächern der Häuser liegt der ______ Schnee.
- Wir bewundern die Pracht des ______ Schnees.
- Auf dem ______ Schnee sind Fußspuren zu sehen.
- Die Kinder fahren mit dem Schlitten durch den ______ Schnee.
- Viele ______ Schneeflocken fallen vom Himmel.

3. Setze die richtige Form von **süß** vor das Namenwort.

- Die ______ Äpfel hängen an dem Baum.
- Einige der ______ Äpfel fallen vom Baum.
- Wir kosten von den ______ Äpfeln.
- Wir schenken unseren Nachbarn die ______ Äpfel.
- ______ Äpfel esse ich gern.

1. Schreibe die Wiewörter in der richtigen Form vor das Namenwort.

- Der Koch kostet von dem ______ Salat.
  frisch
- Er würzt die Salatsoße mit ______ Honig.
  süß
- Trolli lauscht dem ______ Jubilieren der Amsel.
  fröhlich
- Er hört das ______ Bellen des Hundes.
  laut
- Mehmet beobachtet das ______ Eichhörnchen.
  flink
- Er schaut den ______ Bienen zu.
  fleißig
- Lisa riecht an den ______ Kräutern.
  würzig
- Sie schnuppert an der ______ Parfümflasche.
  klein
- Der Förster fühlt die ______ Morgenluft im Wald.
  kühl
- Er empfindet den ______ Abendwind als angenehm.
  leicht
- Der Mechaniker baut ______ Bremsbeläge ein.
  neu

2. Schreibe zu den Wiewörtern das Gegenteil. Die folgenden Wörter helfen dir: **schmal, kalt, schwach, tief, hässlich, dünn, langsam, dunkel, schwer, klein, weich, laut, trocken, schmutzig, gesund**.

stark	______	hoch	______	groß	______
leise	______	hart	______	leicht	______
dick	______	schön	______	breit	______
heiß	______	schnell	______	hell	______
sauber	______	krank	______	nass	______

3. Z Findet ihr weitere Wiewörter, die ein Gegenteil haben? Schreibt sie auf.

Sportfest

Die Kinder der Klasse 3b freuen sich schon seit einigen Wochen auf das Schulsportfest. Die Lehrerinnen und Lehrer üben mit den Kindern die verschiedenen Sportarten. Jan prahlt: „Ich springe turmhoch." Valentina mit den strohblonden Haaren stichelt: „Pass auf, du federleichter Angeber, dass du nicht bis in den Himmel springst." Der spindeldürre Jonas meint: „Ich renne pfeilschnell über die Laufbahn." „Im letzten Jahr hatte ich beim Weitsprung einen fußbreiten Abstand zu meinen Freunden", erinnert sich Eva.

1. Ordne die unterstrichenen Wiewörter aus dem Text richtig zu.

so hoch wie ein Turm		so blond wie Stroh	
so leicht wie eine Feder		so dünn wie eine Spindel	
so schnell wie ein Pfeil		so breit wie ein Fuß	

2. Vergleiche die zusammengesetzten Wiewörter.
Achte auf die Kleinschreibung der Wiewörter und auf die Großschreibung der Namenwörter.

eiskalt | rabenschwarz | messerscharf | schneeweiß | kugelrund

eiskalt – so kalt wie Eis, rabenschwarz –

Merke!

Wiewörter (Adjektive) können mit einem Namenwort (Nomen) zusammengesetzt werden.
Beispiel: der Himmel + blau = himmelblau

Das Wiewort (Adjektiv) muss an der zweiten Stelle stehen. Zusammengesetzte Wiewörter (Adjektive) werden kleingeschrieben.

Zusammengesetzte Wiewörter (Adjektive)

1. Zerlege die zusammengesetzten Wiewörter in ein Namenwort und ein Wiewort.

taghell = der Tag + hell

bleischwer = ______

honiggelb = ______

spiegelglatt = ______

bienenfleißig = ______

vogelfrei = ______

zitronengelb = ______

haushoch = ______

2. Schreibe die passenden zusammengesetzten Wiewörter in die Satzlücken.
Die folgenden Wiewörter helfen dir: **grasgrün, flügellahm, goldgelb, spiegelverkehrt, bleischwer, messerscharf, taufrisch, winterhart, nachtschwarz, hauchdünn**.

- Der grasgrüne ______ Froschkönig sitzt auf dem Brunnenrand.
- Er reicht der Königstochter die ______ Kugel.
- Die Königstochter springt glücklich durch das ______ Gras.
- Mutter hat sich mit dem ______ Rand der Blechdose geschnitten.
- Der Sturm treibt ______ Gewitterwolken über den Himmel.
- Markus schreibt das Lösungswort ______ unter das Rätsel.
- Karl bringt den ______ Vogel in die Tierklinik.
- Das Mittagessen liegt dem Kranken ______ im Magen.
- Die ______ Brotscheibe ist im Toaster verkohlt.
- Alye pflanzt die ______ Christrosen in den Balkonkasten.

3. Z Schreibe mit jedem der folgenden Wiewörter einen Satz: **kurvenreich, knietief, steinreich, eisenhart**

Beispiel: **Timo fährt gerne kurvenreiche Strecken mit dem Fahrrad.**

Merke!

Zwei Wiewörter (Adjektive) können zusammengesetzt werden. Zusammengesetzte Wiewörter (Adjektive) schreibt man klein.

1. Bilde mit dem Wiewort **dunkel** zusammengesetzte Wiewörter.
Beispiel: dunkel + orange = dunkelorange

dunkel- → **braun**, **gelb**, **grün**

____

____

____

2. Bilde mit dem Wiewort **hell** zusammengesetzte Wiewörter.

hell- → **rot**, **blau**, **grau**

____

____

____

3. Schreibe das passende zusammengesetzte Wiewort in die Satzlücken.
Die folgenden Wiewörter helfen dir: **zartbitter, schwerkrank, grauhaarig, blondlockig, bitterböse, lauwarm**.

- Mein ______________ Vater liegt im Krankenhaus.
- Das Baby trinkt hungrig die ______________ Milch aus der Flasche.
- Die ______________ Hexe im Märchen von Hänsel und Gretel lockt die Kinder ins Pfefferkuchenhaus.
- Der ______________ alte Mann auf dem Foto ist mein Uropa.
- Meiner Mutter schmeckt die ______________ Schokolade am besten.
- Das ______________ Kind, das im Rollstuhl sitzt, ist gehbehindert.

Versteckspiel im Garten

1. Ordne die Wörter zu sinnvollen Sätzen und schreibe sie auf. Es gibt mehrere Möglichkeiten.

Malika, Sascha, Garten, Verstecken, und, spielen, im

Malika und Sascha spielen im Garten Verstecken.

Malika, sich, Hundehütte, versteckt, der, hinter

Sascha, Hecke, sucht, der, hinter

Da, Malika, los, rennt, schlägt, und, frei, sich

suchen, Sascha, einmal, noch, muss

2. Bilde mit folgenden Wörtern mehrere Sätze:

- Trolli, hinter, versteckt, sich, Baumstamm, dicken, dem
- Sascha, verstecken, hinter, möchte, dem, sich, Komposthaufen

Merke!

Wörter, die beim Umstellen eines Satzes zusammenbleiben, bilden ein **Satzglied**. Satzglieder können aus einem oder mehreren Wörtern bestehen.
Durch die **Umstellprobe** kannst du die Satzglieder bestimmen.

1. Bilde aus den Wörtern einen sinnvollen Satz.
   Achte auf die Großschreibung am Satzanfang.

spielt, Wohnzimmer, im, Katze, die, Ball, dem, mit

2. Stelle die Wörter in dem Satz um. Es gibt mehrere Möglichkeiten.

3. Kreise die Wörter ein, die beim Umstellen zusammenbleiben. Sie bilden ein Satzglied.
4. Bilde aus den Wörtern einen sinnvollen Satz.

Abend, Hühnerstall, Fuchs, am, zum, schleicht, der

5. Stelle die Wörter in dem Satz mehrmals um.
6. Kreise die Satzglieder ein.

Lösungen Seite 49

1. Die umrahmten Wörter gehören zusammen. Sie sind jeweils ein Satzglied. Verlängere die Sätze durch neue Satzglieder. Jedes Satzglied darf nur einmal verwendet werden.

mittags | heute | im Winter | jeden Morgen | bei Wärme

von Blüte zu Blüte | auf der Tanne | über die Wiese | in seinem Kobel | im Käfig

Beispiel:

Der Igel | verkriecht sich .

Der Igel | verkriecht sich | im Winter .

Der Igel | verkriecht sich | im Winter | in einem Laubhaufen .

▶ Die Amsel | singt .

Die Amsel | singt | ________ .

Die Amsel | singt | ________ | ________ .

▶ Der Löwe | brüllt .

Der Löwe | brüllt | ________ .

Der Löwe | brüllt | ________ | ________ .

▶ Die Biene | fliegt .

Die Biene | fliegt | ________ .

Die Biene | fliegt | ________ | ________ .

▶ Das Eichhörnchen | schläft .

Das Eichhörnchen | schläft | ________ .

Das Eichhörnchen | schläft | ________ | ________ .

▶ Der Hund | rast .

Der Hund | rast | ________ .

Der Hund | rast | ________ | ________ .

1. Schreibe das treffende Tunwort in die Satzlücke. Das Tunwort sagt dir, was jeder tut. Ohne die Tunwörter haben die Sätze keinen Sinn. Diese Tunwörter helfen dir:

sitzt · steckt · reparieren · streicht · pflückt · graben · sät · schneidet · harken

Arbeit im Garten

- Tinas Eltern ______ im Garten ein Loch.
- Oma ______ leckere Himbeeren.
- Die Kinder ______ die Beete glatt.
- Mutter ______ Bohnen in die Erde.
- Moritz ______ die Hecke.
- Alina ______ Radieschensamen in ein Beet.
- Opa ______ die Zaunlatten braun.
- Kamil ______ im Baumhaus.
- Die Nachbarn ______ den Rasenmäher.

2. Z Schreibe die Sätze auf.

Merke!

Das Tunwort (Verb) im Satz sagt aus, was geschieht. Deshalb wird das **Tunwort** (Verb) im Satz **Satzaussage** (Prädikat) genannt. Die **Satzaussage** (das Prädikat) ist ein **Satzglied**.

Sätze

1. Aus welchen Satzgliedern besteht der folgende Satz?
   Trage die Satzglieder ein.

Meine Geschwister spielen im Garten.

Wer oder was spielt im Garten?

Was tun meine Geschwister im Garten?

2. Aus welchen Satzgliedern besteht der folgende Satz?
   Trage die Satzglieder ein.

Das Wasser plätschert im Springbrunnen.

Wer oder was plätschert im Springbrunnen?

Was tut das Wasser im Springbrunnen?

Merke!

Ein Satz besteht aus mehreren Satzgliedern:
Das Tunwort bildet die Satzaussage (das Prädikat) . Die Satzaussage antwortet auf die Frage Was tut?

Auf die Frage Wer oder was? antwortet der Satzgegenstand (das Subjekt) .

Lösungen Seite 49

1. Die Fragesätze erfragen den Satzgegenstand.
Trage den passenden Satzgegenstand ein. Die folgenden Satzglieder helfen dir.

das trockene Holz | das Segelflugzeug | der Winzer | der Bauer | der Fußballspieler | das bunte Laub | der Opa | die Mutter | unser Auto | das Regenwasser | das interessante Buch

- Wer oder was schießt den Ball ins Tor? der Fußballspieler
- Wer oder was pflügt das Feld im Frühjahr?
- Wer oder was erntet die Weintrauben am Berghang?
- Wer oder was backt einen leckeren Geburtstagskuchen?
- Wer oder was schenkt dem Enkelkind ein Fahrrad?
- Wer oder was fliegt über die Stadt?
- Wer oder was fällt im Herbst von den Bäumen?
- Wer oder was versickert in der Erde?
- Wer oder was knistert im Kamin?
- Wer oder was liegt im Schaufenster?
- Wer oder was steht in der Garage?

2. Schreibe mit den Angaben aus Aufgabe 1 vollständige Sätze. Unterstreiche den Satzgegenstand.
Schreibe so: **Der Fußballspieler schießt den Ball ins Tor.**

Familienausflug

Die Sonne scheint. Es ist Sommer.
Mutter verkündet: „Heute werde ich euch verwöhnen."
Lisa fragt: „Was hast du vor?"
Vater antwortet: „Du willst wohl mit uns einen Ausflug machen?"
Leon will wissen: „Wohin soll es gehen?"
Mutter meint: „Wir fahren mit dem Auto zum Waldsee. Dort lade ich euch zum Mittagessen ein."
Vater erklärt erfreut: „Vorher können wir im See schwimmen."
Lisa sagt: „Nach dem Essen können wir am See wandern."
Vater mahnt: „Vergesst eure Schwimmsachen nicht!"
Mutter fügt hinzu: „Zieht feste Schuhe zum Wandern an!"
Nach kurzer Zeit sitzen sie im Auto und fahren los.

1. Unterstreiche die wörtliche Rede rot und den Redebegleitsatz blau.

Merke!

Die wörtliche Rede gibt an, was gesprochen wird. Der **Redebegleitsatz** sagt uns, wer in der wörtlichen Rede spricht. Für das Wort **sagen** gibt es viele andere treffende Wörter. Sie gehören zum Wortfeld **sagen**.

2. Schreibe die Wörter für **sagen** aus den Redebegleitsätzen heraus.

3. Schreibt noch mehr Wörter zum Wortfeld **sagen**. Schaut in der Wörterliste oder im Wörterbuch nach.

Wörtliche Rede mit Redebegleitsatz

1. Welche wörtliche Rede gehört zu dem Redebegleitsatz?
Schreibe auf. Du findest die Redesätze auf der vorigen Seite.
Denke an die Anführungszeichen und die Satzzeichen am Ende des Satzes.

Lisa sagt: __________

____

Mutter meint: __________

____

____

Vater erklärt erfreut: __________

Mutter verkündet: __________

Leon will wissen: __________

Vater mahnt: __________

Vater antwortet: __________

____

Lisa fragt: __________

Mutter fügt hinzu: __________

____

Merke!

Der **Redebegleitsatz** endet mit einem **Doppelpunkt**. Die **wörtliche Rede** wird in **Anführungszeichen** eingeschlossen. Vor der wörtlichen Rede stehen die Anführungszeichen **unten** und am Ende der wörtlichen Rede stehen die Anführungszeichen **oben**.

 Lösungen Seite 49

1. Wer spricht hier? Verbinde den Redebegleitsatz mit der passenden wörtlichen Rede.

Schneewittchens böse Stiefmutter fragt:

Die Guten ins Töpfchen, die Schlechten ins Kröpfchen.

Der Froschkönig ruft:

Spieglein, Spieglein an der Wand, wer ist die Schönste im ganzen Land?

Aschenputtel erklärt:

Knusper, knusper, knäuschen, wer knuspert an meinem Häuschen?

Bei Hänsel und Gretel fragt die böse Hexe:

Königstochter, jüngste, mach mir auf!

Rumpelstilzchen ruft:

Großmutter, warum hast du so große Augen?

Rotkäppchen fragt:

Kikeriki, unsere Goldmarie ist wieder hie.

Bei Frau Holle kräht der Hahn auf dem Mist:

Heute back' ich, morgen brau' ich, übermorgen hol' ich der Königin ihr Kind. Ach, wie gut, dass niemand weiß, dass ich Rumpelstilzchen heiß'!

2. Schreibe Redebegleitsatz und passende wörtliche Rede auf. Wähle dir vier Beispiele aus. Achte auf die Satzzeichen bei der wörtlichen Rede.

Wörtliche Rede mit Redebegleitsatz

Merke!

Hinter eine Bitte oder eine Aufforderung kann ein Ausrufezeichen gesetzt werden.
Nach ausdrücklichen Aufforderungssätzen steht ein Ausrufezeichen.

Beispiel: Schreibe die Sätze ab.
Aber: Du sollst mich loslassen!

Arslan ist genervt, weil jeder ihn zu etwas auffordern will. In der Schule sagt ihm die Lehrerin, was er tun soll. Zu Hause sagen ihm die Eltern, was er tun soll. Manchmal sind die Aufforderungen sanft und manchmal klingen sie streng.

1. Kreuze an, wie du in der Schule aufgefordert werden möchtest.

- [ ] Schreib bitte den Text von der Tafel ab!
- [ ] Du sollst den Text von der Tafel abschreiben!
- [ ] Schreib sofort den Text von der Tafel ab!
- [ ] Jetzt schreib endlich den Text von der Tafel ab!

2. Kreuze an, wie du zu Hause aufgefordert werden möchtest.

- [ ] Geh bitte zum Bäcker und kaufe Brötchen ein!
- [ ] Du sollst jetzt zum Bäcker gehen und Brötchen einkaufen!
- [ ] Geh jetzt sofort zum Bäcker und kaufe Brötchen ein!
- [ ] Ich will, dass du zum Bäcker gehst und Brötchen einkaufst!

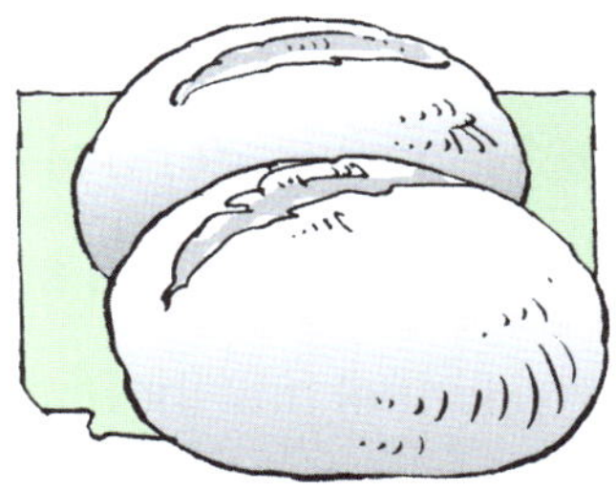

3. Wie möchtest du morgens geweckt werden? Kreuze an.

- [ ] Du musst schnell aufstehen!
- [ ] Steh bitte auf!
- [ ] Du sollst endlich aufstehen!
- [ ] Jetzt wird endlich aufgestanden!

4.  Sprecht darüber, was ihr bei den unterschiedlichen Aufforderungen empfunden habt. Warum wirken sie so unterschiedlich? Warum wurden sie so gesprochen?

 Lösungen Seite 50

Merke!

Die **wörtliche Rede** kann ein Aussagesatz, ein Fragesatz, ein Ausrufesatz oder ein Aufforderungssatz sein.

Nach dem Aussagesatz steht ein **Punkt**.
Nach dem Fragesatz steht ein **Fragezeichen**.
Nach dem Ausrufe- oder Aufforderungssatzsatz steht ein **Ausrufezeichen**.

1. Setze die Anführungszeichen bei der wörtlichen Rede und die Satzschlusszeichen ein.

Hänsel und Gretel

Hänsel und Gretel verirrten sich im Wald. Es war finster und bitterkalt.

- Gretel jammerte: „ Mir ist so kalt ."
- Hänsel forderte sie auf: ☐ Komm, zieh meine Jacke an ☐
- In der Finsternis stolperte Gretel und weinte: ☐ Hilf mir, Bruder ☐
- Hänsel half ihr und sagte beruhigend: ☐ Reich mir deine Hand, damit ich dich führen kann ☐
- Gretel fragte verzweifelt: ☐ Werden wir jemals wieder aus dem Wald herausfinden ☐
- Hänsel antwortete: ☐ Wir dürfen den Mut nicht verlieren ☐

Plötzlich schimmerte ein Licht durch die Bäume.

- Hänsel fragte: ☐ Was ist das für ein Licht ☐ Scheint der Mond so hell ☐
- Gretel aber erwiderte erfreut: ☐ Hurra, wir sind an einem Häuschen ☐
- Die Kinder eilten auf das Häuschen zu und riefen erstaunt: ☐ Das Häuschen ist ja aus Pfefferkuchen ☐ Welch ein Glück ☐
- Gretel erklärte: ☐ Ich habe großen Hunger ☐ Lass uns von dem Pfefferkuchen kosten ☐
- Da rief eine Stimme: ☐ Knusper, knusper, knäuschen, wer knuspert an meinem Häuschen ☐

2.  Erzählt, wie das Märchen weitergeht oder lasst es euch vorlesen.

Zeitformen

Seite 4 ▶ Nr. 3 ▶ spielen – spielten, sitzen – saßen, geht – ging, nimmt – nahm, liegen – lagen, versammeln – versammelten, darf – durfte, setzt – setzte, schreibt – schrieb, gibt – gab, hat – hatte, gewinnt – gewann

Seite 6 ▶ Nr. 1 ▶ begann, starten, gewann, besiegte, sprang, lief, warf, schaffte, verfolgten, erhalten, gibt, applaudieren

Seite 7 ▶ Nr. 2 ▶ hat mitgebracht, hat gesprochen, hat gereicht, hat gesessen, ist geblieben, hat geweint, haben geschaut, haben gefunden, bin gelaufen, haben gesucht, ist gehoppelt, haben eingefangen

Seite 8 ▶ Nr. 2 ▶ sprechen – sprach – hat gesprochen, reichen – reichte – hat gereicht, sitzen – saß – ist gesessen, bleiben – blieb – ist geblieben, weinen – weinte – hat geweint, schauen – schaute – hat geschaut, finden – fand – hat gefunden, laufen – lief – ist gelaufen, suchen – suchte – hat gesucht, hoppeln – hoppelte – ist gehoppelt, einfangen – fing ein – hat eingefangen

Seite 9 ▶ Nr. 1 ▶ brachte, sprach, reichte, saß, weinte, schauten, fanden, lief, suchten, hoppelte, fingen

Abstrakte Namenwörter (Nomen)

Seite 11 ▶ Nr. 3 ▶ die Angst, der Streit, die Wut, der Mut, die Freundschaft, die Idee, die Freude, der Stolz, das Glück

Seite 12 ▶ Nr. 1 ▶ Glück – Pech; Hitze – Kälte, Angst – Mut, Freude – Trauer, Faulheit – Fleiß

▶ Nr. 2 ▶ Pech, Kälte, Hitze, Angst, Freude, Glück, Mut, Faulheit, Fleiß, Trauer

Fürwörter (Pronomen)

Seite 13 ▶ Nr. 1 ▶ sie, sie, sie, sie, er, sie, sie

Seite 15 ▶ Nr. 1 ▶ sie, sie, er, er, er, er, sie, er, sie

▶ Nr. 2 ▶ sie – die Eichhörnchen, sie – die Katze, sie – die Elefanten, sie – die Schnecke, er – der Affe

Wortfelder

Seite 16 ▶ Nr. 1 ▶ wandert, läuft, gelangen, marschiert, folgen, laufen, schleichen

Seite 17 ▶ Nr. 1 ▶ kriechen, krabbeln, springen, hoppeln, huschen, schleichen

▶ Nr. 2 ▶ Maus huscht, Eichhörnchen springt, Schnecke kriecht, Hase hoppelt, Fuchs schleicht, Reh flüchtet, Ameise krabbelt

Seite 18 ▶ Nr. 1 ▶ sieht, beobachtet, betrachtet, entdeckt, erblickt, besichtigt, schaut

▶ Nr. 2 ▶ Wortfeld „weinen“: schluchzen, heulen, klagen, jammern, wimmern
Wortfeld „sagen“: erzählen, reden, rufen, berichten, sprechen, flüstern
Wortfeld „essen“: speisen, futtern, kosten, verzehren, löffeln

Vorsilben

Seite 20 ▶ Nr. 3 ▶ verspielt, verhält, zerfetzte, gerrissen, zersprang, verschwindet

Nachsilben

Seite 22 ▶ Nr. 2 ▶ brauchbar, dankbar, essbar, fahrbar, haltbar, hörbar, lesbar, teilbar, trinkbar, wunderbar, zahlbar

Seite 23 ▶ Nr. 2 ▶ Nachsilbe -heit: die Bescheidenheit, die Dunkelheit, die Freiheit, die Schönheit, die Gesundheit, die Krankheit
Nachsilbe -keit: die Ehrlichkeit, die Gemütlichkeit, die Möglichkeit, die Einsamkeit, die Fröhlichkeit, die Einigkeit

Zusammengesetzte Namenwörter (Nomen)

Seite 25 ▶ Nr. 1 ▶ der Kieselstein, die Halskette, das Schneckenhaus, die Pudelmütze, der Fingerring, der Luftballon, der Seestern, das Taschenmesser, der Armreif

Seite 26 ▶ Nr. 1 ▶ das Laufrad, der Schreibtisch, die Waschmaschine, die Nähnadel, der Liegestuhl, der Trinkbecher, der Malstift, der Wanderstock, das Schreibheft

▶ Nr. 2 ▶ der Weitsprung, der Hochsprung, das Hochhaus, das Weißbrot, das Schwarzbrot, die Großstadt, die Kleinstadt, die Süßspeise

Wortfamilien

Seite 27 ▶ Nr. 1 ▶ Namenwörter: Neubaugebiet, Bauland, Bausparkasse, Bauherren
Tunwörter: gebaut, bauen, erbauen
Wiewörter: bauwillig, baufällig

Seite 28 ▶ Nr. 1 ▶ Ruderboot – Fallschirm – Wasserball,
Esslöffel – Lehrling – verpflanzen,
Gebäude – ansprühen – verkaufen,
versetzen – Lesebuch – Unfall

Wiewörter (Adjektive)

Seite 31 ▶ Nr. 1 ▶ langsame, schnelle, heißen, schrille, sanfte, schmalen

▶ Nr. 2 ▶ weiße, weißen, weißen, weißen, weiße

▶ Nr. 3 ▶ süßen, süßen, süßen, süßen, süße

Seite 32 ▶ Nr. 1 ▶ frischen, süßem, fröhlichen, laute, flinke, fleißigen, würzigen, kleinen, kühle, leichten, neue

▶ Nr. 2 ▶ stark – schwach, leise – laut, dick – dünn, heiß – kalt, sauber – schmutzig, hoch – tief, hart – weich, schön – hässlich, schnell – langsam, krank – gesund, groß – klein, leicht – schwer, breit – schmal, hell – dunkel, nass – trocken

Zusammengesetzte Wiewörter (Adjektive)

Seite 33 ▶ Nr. 2 ▶ eiskalt – so kalt wie Eis, rabenschwarz – so schwarz wie ein Rabe, messerscharf – so scharf wie ein Messer, schneeweiß – so weiß wie Schnee, kugelrund – so rund wie eine Kugel

Seite 34 ▶ Nr. 1 ▶ das Blei + schwer, der Honig + gelb, der Spiegel + glatt, die Bienen + fleißig, der Vogel + frei, die Zitronen + gelb, das Haus + hoch

▶ Nr. 2 ▶ … die goldgelbe Kugel, … das taufrische Gras, … dem messerscharfen Rand, … nachtschwarze Gewitterwolken, … spiegelverkehrt, … den flügellahmen Vogel, … bleischwer, … die hauchdünne Brotscheibe, … die winterharten Christrosen

Seite 35 ▶ Nr. 3 ▶ Mein schwerkranker Vater …, … die lauwarme Milch, Die bitterböse Hexe …, Der grauhaarige alte Mann, … die zartbittere Schokolade, Das blondlockige Kind …

Sätze

Seite 36 ▶ Nr. 1 ▶ Malika versteckt sich hinter der Hundehütte. Sascha sucht hinter der Hecke. Da rennt Malika los und schlägt sich frei. Sascha muss noch einmal suchen. (Beispiellösung. Es sind mehrere Lösungen möglich.)

Seite 37 ▶ Nr. 2 ▶ Die Katze spielt im Wohnzimmer mit dem Ball.
Im Wohnzimmer spielt die Katze mit dem Ball.
Mit dem Ball spielt die Katze im Wohnzimmer.

▶ Nr. 3 ▶ die Katze – im Wohnzimmer – mit dem Ball

Seite 38 ▶ Nr. 1 ▶ Die Amsel singt jeden Morgen auf der Tanne. Der Löwe brüllt mittags im Käfig. Die Biene fliegt bei Wärme von Blüte zu Blüte. Das Eichhörnchen schläft im Winter in seinem Kobel. Der Hund rast heute über die Wiese.

Seite 39 ▶ Nr. 1 ▶ Tinas Eltern graben, Oma pflückt, Die Kinder harken, Mutter steckt, Moritz schneidet, Alina sät, Opa streicht, Kamil sitzt, die Nachbarn reparieren

Seite 41 ▶ Nr. 1 ▶ der Fußballspieler, der Bauer, der Winzer, die Mutter, der Opa, das Segelflugzeug, das bunte Laub, das Regenwasser, das trockene Holz, das interessante Buch, unser Auto

Wörtliche Rede mit Redebegleitsatz

Seite 42 ▶ Nr. 2 ▶ verkündet, fragt, antwortet, will wissen, meint, erklärt, sagt, mahnt, fügt hinzu

Seite 44 ▶ Nr. 1 ▶ Schneewittchen – Spieglein, Spieglein …; Froschkönig – Königstochter, jüngste …; Aschenputtel – Die Guten …; Hänsel und Gretel – Knusper, knusper …; Rumpelstilzchen – Heute back' ich …; Rotkäppchen – Großmutter, warum …; Frau Holle – Kikeriki …

Seite 46 ▶ Nr. 1 ▶ Gretel jammerte: „Mir ist so kalt!"
Hänsel forderte sie auf: „Komm, zieh meine Jacke an!"
In der Finsternis stolperte Gretel und weinte: „Hilf mir, Bruder!"
Hänsel half ihr und sagte beruhigend: „Reich mir deine Hand, damit ich dich führen kann!"
Gretel fragte verzweifelt: „Werden wir jemals wieder aus dem Wald herausfinden?"
Hänsel antwortete: „Wir dürfen den Mut nicht verlieren!"
Hänsel fragte: „Was ist das für ein Licht? Scheint der Mond so hell?"
Gretel aber erwiderte erfreut: „Hurra, wir sind an einem Häuschen!"
Die Kinder eilten auf das Häuschen zu und riefen erstaunt: „Das Häuschen ist ja aus Pfefferkuchen!" „Welch ein Glück!"
Gretel erklärte: „Ich habe großen Hunger. Lass uns von dem Pfefferkuchen kosten!"
Da rief eine Stimme: „Knusper, knusper, knäuschen, wer knuspert an meinem Häuschen?"

Wörterliste mit Grundwortschatz

Der Grundwortschatz umfasst ungefähr 700 Wörter.
Er ist in diesem Arbeitsheft für die Jahrgänge 1 bis 4 zusammengestellt. Der Grundwortschatz für die Jahrgänge 3 und 4 ist fett markiert. Der Grundwortschatz der 1./2. Jahrgangsstufe ist mager gedruckt, weil er dir bereits bekannt sein muss.

Häufig gebrauchte Wörter

ab
aber
als
also
am
an
auf
aus
bei
bin
bis
bist
da
dann
das
dass
dein, deine, deiner
dem
den
denn
der
des
dich
die
dies, diese, dieser
dir

doch
du
durch
ein, eine, einer
er
es
euch
euer, eure
für
ganz, ganze, ganzer
her
hier
hin
hinter
ich
ihm
ihn, ihnen
ihr, ihre
im
immer
in
ins
ist
ja
jede, jeder, jedes
kein, keine, keiner

man
mein, meine, meiner
mich
mir
mit
nach
nein
nicht
nichts
nie
nun
nur
ob
oder
oft
schon
sehr
sein, seine, seiner
seit
sich
sie
sind
so
über
um
und

uns, unser, unsere
unten, unter
viel
vom
von
vor
wann
warum
was
weil
weiter
welche, welcher, welches
wem
wen
wenig
wenn
wer
wie
wieder
wir
wo
zu
zum
zur
zusammen

A

Abend, Abende
acht
Affe, Affen
ähnlich
alle, alles
alt, älter
Ampel, Ampeln
ändern, ändert
anders
Angst, Ängste
ängstlich
antworten, antwortet
Apfel, Äpfel
April
arbeiten, arbeitet
ärgern, ärgert
Arm, Arme
Arzt, Ärzte
Ärztin, Ärztinnen
Ast, Äste
Aufgabe, Aufgaben
aufräumen, räumt auf
aufwecken, weckt auf
Auge, Augen
August
außen
Auto, Autos

B

Baby, Babys
backen, backt
Bäcker, die Bäcker
baden, badet
Bahn, Bahnen
Ball, Bälle
Bank, Bänke
Bauch, Bäuche
bauen, baut
Baum, Bäume
beginnen, beginnt, begann, begonnen
Bein, Beine
Beispiel, Beispiele
beißen, beißt, biss, gebissen
belohnen, belohnt
beobachten, beobachtet
bequem
bereit
bereits
Beruf, Berufe
besser
Bett, Betten
bevor
bewegen, bewegt
bezahlen, bezahlt
biegen, biegt, bog, gebogen
Biene, Bienen
Bild, Bilder
Birne, Birnen
bisschen
bitten, bittet, bat, gebeten
Blatt, Blätter
blau
bleiben, bleibt, blieb, geblieben
Blick, Blicke
blicken, blickt
blind, blinder
Blinde, Blinden
Blitz, Blitze
blitzen, blitzt
Block, Blöcke
bloß
blühen, blüht
Blume, Blumen
Blüte, Blüten
Boden, Böden
bohren, bohrt
Boot, Boote
böse
boxen, boxt
Brand, Brände
braun
brav
brennen, brennt, brannte, gebrannt

Brief, Briefe
Brille, Brillen
bringen, bringt, brachte, gebracht
Brot, Brote, Brötchen
Brücke, Brücken
Bruder, Brüder
Buch, Bücher
bunt
Busch, Büsche

C

Cent, Cents
Christ, Christen
Christbaum, Christbäume
Clown, Clowns
Computer, die Computer

D

danken, dankt
Decke, Decken
denken, denkt, dachte, gedacht
deutlich
deutsch
Deutschland
Dezember
dick
Dienstag, Dienstage
Diskette, Disketten
Donner
donnern, donnert
Donnerstag, Donnerstage
Drache, Drachen
Draht, Drähte
draußen
Dreck
dreckig
drehen, dreht
drei
Druck
drücken, drückt
dumm
Dummheit
dunkel
dünn
Durst
durstig

E

Ecke, Ecken
eckig
ehrlich
Ei, Eier
eigentlich
eins
Elefant, Elefanten
elf
Eltern
empfinden, empfindet, empfand, empfunden
empfindlich
Ende, Enden
eng
entdecken, entdeckt
Ente, Enten
entfernen, entfernt
Entfernung, Entfernungen
entgegen
entwickeln, entwickelt
Entwicklung, Entwicklungen
Erde
erklären, erklärt
erlauben, erlaubt
Erlaubnis
erleben, erlebt
Erlebnis, Erlebnisse
ernähren, ernährt
erschrecken, erschreckt, erschrak, erschrocken
erwarten, erwartet
Erwartung
erzählen, erzählt
Erzählung, Erzählungen
essen, isst, aß, gegessen
Eule, Eulen
Euro, Euros
Europa

F

fahren, fährt, fuhr, gefahren
fallen, fällt, fiel, gefallen
Familie, Familien
fangen, fängt, fing, gefangen
Februar
Fehler, die Fehler
fehlerfrei
fein
Feld, Felder
Fenster, die Fenster
Ferien
fernsehen, sieht fern
Fernseher, die Fernseher
fertig
fett
Fett
feucht
Feuchtigkeit
Feuer, die Feuer
Fichte, Fichten
finden, findet, fand, gefunden
Finger, die Finger
Fleiß
fleißig
fliegen, fliegt, flog, geflogen
fließen, fließt, floss, geflossen
Flügel, die Flügel
Flugzeug, Flugzeuge
Fluss, Flüsse
flüssig
Flüssigkeit, Flüssigkeiten
fragen, fragt
Frau, Frauen
frei
Freiheit
Freitag, Freitage
fremd, fremde
Fremde, Fremden
fressen, frisst, fraß, gefressen
Freude
freuen, freut
Freund, Freunde, Freundin, Freundinnen
Frieden
friedlich
frieren, friert, fror, gefroren
fröhlich
Fröhlichkeit
frisch
Frucht, Früchte
Frühling
Fuchs, Füchse
fühlen, fühlt, Gefühl, Gefühle
führen, führt
Führung
füllen, füllt
Füller, die Füller
fünf
Fuß, Füße

G

Gans, Gänse
Garten, Gärten
Gebäude, die Gebäude
geben, gibt, gab, gegeben
Geburt, Geburten
Geburtstag, Geburtstage
Gefahr, Gefahren
gefährlich
geheim
Geheimnis, Geheimnisse
gehen, geht, ging, gegangen
gelb, gelber
Geld, Gelder
Gemeinde, Gemeinden
Gemüse
Geschäft, Geschäfte, schaffen, schafft
geschehen, geschieht, geschah, geschehen
Gesetz, Gesetze
Gesicht, Gesichter
gestern
gesund, gesünder
gewinnen, gewinnt, gewann, gewonnen
Gewitter, die Gewitter
gießen, gießt, goss, gegossen
Giraffe, Giraffen
glatt
Glück
glücklich
glühen, glüht
Gott
Gras, Gräser
groß, größer
grün
grüßen, grüßt
gut, besser

H

Haar, Haare
haben, hat, hatte, gehabt
Hals, Hälse
halten, hält, hielt, gehalten
Hand, Hände
Handy, Handys
Hang, Hänge
hängen, hängt, hing, gehangen
hart, härter
Hase, Hasen
Haufen, die Haufen
häufig
Haus, Häuser
Haut, Häute
Hecke, Hecken
heiß
heißen, heißt, hieß,

geheißen
heizen, heizt
Heizung, Heizungen
helfen, hilft, half, geholfen
hell
Hemd, Hemden
Herbst
Herr, Herren
herstellen, stellt her
Herstellung
heute
Hexe, Hexen
Hilfe
Himmel, die Himmel
Hitze
hoffen, hofft
hoffentlich
Höhe, Höhen
hohl
Höhle, Höhlen
hören, hört
Hose, Hosen
Hund, Hunde
hundert
Hunger
hungrig

I

Igel, die Igel
impfen, impft
Impfung, Impfungen
informieren, informiert
Information, Informationen
interessant
Interesse, Interessen

J

Jacht, Jachten, auch: Yacht, Yachten
Jahr, Jahre
Januar
jemand, jemanden
Jugend
jugendlich
Juli
jung, jünger
Junge, Jungen
Juni

K

Käfer, die Käfer
Käfig, Käfige
Kalender, die Kalender
kalt, kälter
Kälte
Kamm, Kämme
Katze, Katzen
kaufen, kauft
kennen, kennt, kannte, gekannt
Kiefer, Kiefern
Kind, Kinder
klar
Klasse, Klassen
Kleid, Kleider
klein
klettern, klettert
kommen, kommt, kam, gekommen
Kompass, Kompasse
können, kann, konnte, gekonnt
Kopf, Köpfe
Körper, die Körper
Kraft, Kräfte
kräftig
krank, kränker
kratzen, kratzt
Kraut, Kräuter
Kreuz, Kreuze
Kreuzung, Kreuzungen
kriechen, kriecht, kroch, gekrochen
Krieg, Kriege
Kuh, Kühe
kühl
kühlen, kühlt
Kuss, Küsse

L

Land, Länder
lang, länger
Lärm
lassen, lässt, ließ, gelassen
Laub
laufen, läuft, lief, gelaufen
laut, lauter
leben, lebt
legen, legt
Lehrer, die Lehrer
Lehrerin, Lehrerinnen
leicht, leichter
leise
lernen, lernt
lesen, liest, las, gelesen
letzte, letzter
leuchten, leuchtet
Leute
Lexikon, Lexika
Licht, Lichter
lieb, lieber
lieben, liebt
Lied, Lieder
liegen, liegt, lag, gelegen
links
Löffel, die Löffel
Lohn, Löhne, belohnen, belohnt
Löwe, Löwen

M

machen, macht
Mädchen, die Mädchen
Magnet, Magnete
Mai
malen, malt
man
Mann, Männer
März
Maschine, Maschinen
Maß, Maße
Maus, Mäuse
Medium, Medien
Meer, Meere
mehr
messen, misst, maß, gemessen
Messer, die Messer
Miete, Mieten
Minute, Minuten
Mittag, Mittage
Mitte
Mittwoch, Mittwoche
mixen, mixt
Monat, Monate
Montag, Montage
Moos, Moose
Morgen, die Morgen
Müll
Mund, Münder
müssen, muss, musste, gemusst
Mutter, Mütter

N

Nacht, Nächte
nah, näher
Nähe
nähen, näht
Nahrung, ernähren, ernährt
Naht, Nähte
Name, Namen
Nase, Nasen
nass, nässer
Nässe
Natur
natürlich
Nebel, die Nebel
nehmen, nimmt, nahm, genommen
neu
neun
niemals
niemand, niemanden
Nilpferd, Nilpferde
November
Nummer, Nummern
nummerieren
Nuss, Nüsse
nützen, nützt
nützlich

O

Obst
offen
ohne
Ohr, Ohren
Oktober
Onkel, die Onkel
Osterhase, Osterhasen
Ostern

P

Päckchen, die Päckchen
packen, packt
Paket, Pakete
Papier, Papiere
Pass, Pässe
passen, passt
Pferd, Pferde
pflanzen, pflanzt
pflegen, pflegt
Pilz, Pilze
Pizza, Pizzas/Pizzen
Platz, Plätze
plötzlich
Pommes
Programm, Programme
Puppe, Puppen

Q

Quadrat, Quadrate
quaken, quakt
Qual, Qualen
quälen, quält
Quelle, Quellen

R

Radio, Radios
raten, rät, riet, geraten

Rätsel, die Rätsel
Raum, Räume
Raupe, Raupen
rechnen, rechnet
rechts
Recycling
reden, redet
Regen
Reh, Rehe
reich
reisen, reist
reißen, reißt, riss, gerissen
rennen, rennt, rannte, gerannt
richtig
riechen, riecht, roch, gerochen, Geruch, Gerüche
Rock, Röcke
rollen, rollt
rot
Rücken, die Rücken
rufen, ruft, rief, gerufen
Ruhe
ruhig
rühren, rührt

S

Saft, Säfte
sagen, sagt
Salz, Salze
sammeln, sammelt
Sammlung, Sammlungen
Samstag, Samstage
Sand, sandig
Satz, Sätze
schaffen, schafft
Schall
schalten, schaltet
Schalter, die Schalter
scharf, Schärfe
Schatten, die Schatten
schauen, schaut
scheinen, scheint
Schere, Scheren
schieben, schiebt, schob, geschoben
schief
schimpfen, schimpft
schlafen, schläft, schlief, geschlafen
schlagen, schlägt, schlug, geschlagen
schließen, schließt, schloss, geschlossen
schließlich
Schlüssel, die Schlüssel
schmecken, schmeckt
Schmetterling, Schmetterlinge
Schmutz, schmutzig
Schnee
schneiden, schneidet, schnitt, geschnitten
schnell
schön
Schreck, schrecklich
schreiben, schreibt, schrieb, geschrieben
schreien, schreit, schrie, geschrien
Schuh, Schuhe
Schule, Schulen
schütteln, schüttelt
Schutz
schützen, schützt
schwarz
schweigen, schweigt, schwieg, geschwiegen
Schwester, Schwestern
schwierig, Schwierigkeit, Schwierigkeiten
schwimmen, schwimmt, schwamm, geschwommen
schwitzen, schwitzt
sechs
See, Seen
sehen, sieht, sah, gesehen
Seife, Seifen
Sekunde, Sekunden
September
setzen, setzt, besetzt
sieben
singen, singt, sang, gesungen
sitzen, sitzt, saß, gesessen
Skizze, Skizzen skizzieren, skizziert
Sohn, Söhne
sollen, soll
Sommer
Sonne
Sonntag, Sonntage
Spaghetti/Spagetti
sparen, spart
Spaß, Späße
spät, verspäten, verspätet
Spaziergang, Spaziergänge
spazieren, spaziert
Spiegel, die Spiegel
spiegeln, spiegelt
spielen, spielt
spitz
Spitze, Spitzen
Sport
Stadt, Städte
Stamm, Stämme
Stange, Stangen
Stängel, die Stängel
stark, stärker
stärken, stärkt
stehen, steht, stand, gestanden
stellen, stellt
Steuer
steuern, steuert
Stiel, Stiele
Stift, Stifte
still
stimmen, stimmt
Stirn, Stirnen
Stoff, Stoffe
Strand, Strände
Straße, Straßen
Strauch, Sträucher
Strauß, Sträuße
Streit
streiten, streitet, stritt, gestritten
Strom, Ströme
strömen, strömt
Stück, Stücke
Stuhl, Stühle
Stunde, Stunden
Sturm, Stürme
stürmen, stürmt
stürmisch
suchen, sucht
süß
Süßigkeit, Süßigkeiten

T

Tag, Tage
Tanne, Tannen
Tante, Tanten
Tasche, Taschen
Tasse, Tassen
tausend, Tausende/tausende
Taxi, Taxis
Technik, Techniken
Teddy, Teddys
Tee, Tees
Telefon, Telefone
Teller, die Teller
Temperatur, Temperaturen
Text, Texte
Theater, die Theater
Thermometer, die Thermometer
Tier, Tiere
tief
Tiefe
Tochter, Töchter
tragen, trägt, trug, getragen
Träne, Tränen
Traum, Träume
träumen, träumt
treffen, trifft, traf, getroffen
treu
trinken, trinkt, trank, getrunken
trocken
turnen, turnt

U

üben, übt
überqueren, überquert
Uhr, Uhren
umkehren, kehrt um
ungefähr
Unterricht
Urlaub, Urlaube

V

Vase, Vasen
Vater, Väter
verbieten, verbietet, verbot, verboten
verbrauchen, verbraucht
verbrennen, verbrennt, verbrannte, verbrannt
Verbrennung, Verbrennungen
Verein, Vereine
vereinen, vereint
vergessen, vergisst, vergaß, vergessen
Verkehr
verletzen, verletzt
Verletzung, Verletzungen
verlieren, verliert, verlor, verloren

verpacken, verpackt
Verpackung, Verpackungen
verschmutzen, verschmutzt
Verschmutzung, Verschmutzungen
verspäten, verspätet
versuchen, versucht
Versuchung, Versuchungen
vielleicht
vier
Vogel, Vögel
voll
vollständig
Vorfahrt
Vorsicht
vorsichtig

W

Waage, Waagen
wachsen, wächst, wuchs, gewachsen, Gewächs, Gewächse
Wahl, Wahlen
wählen, wählt
während
Wald, Wälder
warm, wärmer
Wärme
warten, wartet
waschen, wäscht, wusch, gewaschen
Wasser
wechseln, wechselt
Wecker, die Wecker
Weg, Wege
Weihnachten
weil
weiß
weit, weiter
werden, wird, wurde, geworden
Wetter
wichtig
wiegen, wiegt, wog, gewogen
Wiese, Wiesen
wild, wilder
Wind, Winde
Winter
Woche, Wochen
wissen, weiß, wusste, gewusst
wohnen, wohnt
wollen, will, wollte, gewollt
Wort, Wörter
wünschen, wünscht
Wurzel, Wurzeln

X

X-Beine
Xylofon, auch: Xylophon

Y

Ypsilon

Z

Zahl, Zahlen
zählen, zählt
Zahn, Zähne
Zebra, Zebras
Zehe, Zehen
zehn
zeichnen, zeichnet
zeigen, zeigt
Zeit, Zeiten
Zeitung, Zeitungen
Zeugnis, Zeugnisse
ziehen, zieht, zog, gezogen
Ziel, Ziele
zielen, zielt
Zimmer, die Zimmer
zu
Zucker
Zukunft
zukünftig
zuletzt
zum
zur
zurück
zusammen
zwei
Zwiebel, Zwiebeln
zwölf

1. Schreibt jedes Wort von Trollis Sammlung auf einen kleinen Zettel.

2. Ordnet die Wörter nach dem Alphabet. Schreibt sie dann geordnet in euer Heft.

1. Wortarten

Namenwörter (Nomen)

Namenwort (Nomen) Haus
Einzahl (Singular) das Haus
Mehrzahl (Plural) die Häuser
Bestimmte Begleiter (Artikel) der, die, das
Unbestimmte Begleiter (Artikel) ein, eine

Alle Menschen, Tiere, Pflanzen und Dinge haben einen Namen.
Man kann sie sehen und anfassen. Wir nennen sie **Namenwörter** (Nomen).

Namenwörter werden großgeschrieben.
Namenwörter haben einen Begleiter.

- **Abstrakte Namenwörter** (Nomen) kann man nicht sehen oder anfassen.
  Beispiel: Mut, Freude, Trauer
- **Zusammengesetzte Namenwörter** (Nomen) beschreiben einen Gegenstand genauer.
  Beispiel: Birnbaum, Apfelbaum
- **Fürwörter** (Pronomen) können Namenwörter ersetzen.
  Die Fürwörter sind ich, du, er, sie, es, wir, ihr, sie.

  Das Fürwort **sie** kann **ein** Namenwort oder auch **mehrere** Namenwörter ersetzen.
  Beispiel: Sie (das Mädchen) spielt mit dem Ball. Sie (die Katzen) spielen mit dem Ball.

Tunwörter (Verben)

Tunwort (Verb) brennen

An Tunwörtern in der Personalform kann man erkennen, wann etwas geschieht.

- Die Personalform der Tunwörter in der **Gegenwart** zeigt an, dass jetzt gerade etwas geschieht.
  Beispiel: Das Haus brennt.
- Die Personalform der Tunwörter in der **1. Vergangenheit** zeigt an, dass etwas abgeschlossen ist.
  Beispiel: Das Haus brannte.

  Die 1. Vergangenheit wird meistens beim schriftlichen Erzählen gebraucht. Man nennt sie auch **Schreibvergangenheit**.
- Die Personalform der Tunwörter in der **2. Vergangenheit** zeigt an, dass eine Tätigkeit gerade vorbei ist.
  Beispiel: Das Haus hat gebrannt.

  Die 2. Vergangenheit benutzt man häufig beim mündlichen Erzählen. Diese Zeitform wird mit der Personalform von „haben“ oder „sein“ sowie meist mit einem Tunwort mit der Vorsilbe „ge-“ gebildet. Man nennt die 2. Vergangenheit auch **Erzählvergangenheit**.

Wiewörter (Adjektive)

Wiewort (Adjektiv) schön

Mit einem Wiewort kann man ein Namenwort genauer beschreiben.
Beispiel: Die lustige Musik erklingt im Radio.

- **Vorsilben** können die Wortbedeutung verändern.
  Beispiel: artig – unartig